ESSAI
SUR
L'HISTOIRE DES PANORAMAS
ET DES DIORAMAS

PAR

GERMAIN BAPST

EXTRAIT DES RAPPORTS DU JURY INTERNATIONAL DE L'EXPOSITION UNIVERSELLE DE 1889

AVEC ILLUSTRATIONS INÉDITES DE M. ÉDOUARD DETAILLE

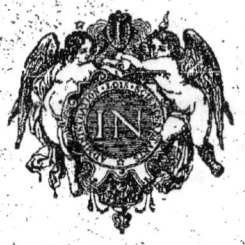

PARIS

IMPRIMERIE NATIONALE

LIBRAIRIE G. MASSON, BOULEVARD SAINT-GERMAIN, 120

M DCCC XCI

ESSAI

SUR

L'HISTOIRE DES PANORAMAS

ET DES DIORAMAS

PAR

GERMAIN BAPST

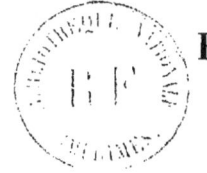

EXTRAIT DES RAPPORTS DU JURY INTERNATIONAL DE L'EXPOSITION UNIVERSELLE DE 1889

AVEC ILLUSTRATIONS INÉDITES DE M. ÉDOUARD DETAILLE

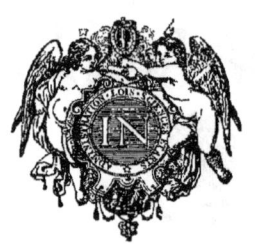

PARIS

IMPRIMERIE NATIONALE

LIBRAIRIE G. MASSON, BOULEVARD SAINT-GERMAIN, 120

M DCCC XCI

ESSAI
SUR
L'HISTOIRE DES PANORAMAS
ET DES DIORAMAS

OUVRAGES DU MÊME AUTEUR.

Le musée rétrospectif du métal, in-8°, Paris, Quantin, 1880.

Marie-Joseph de Saxe, in-4°, Paris, Lahure, 1882.

Testament de Jean le Bon, in-18, Paris, Lahure, 1884.

Études sur l'étain, in-8°, Paris, G. Masson, 1885. (Couronné par l'Académie des inscriptions et belles-lettres.)

Une mission au Caucase, in-8°, Paris, Leroux, 1886.

La provenance de l'étain dans le monde ancien (extrait des *Comptes rendus de l'Académie des inscriptions et belles-lettres*), Paris, Imprimerie nationale, 1886.

Études sur l'orfèvrerie française au XVIII° siècle, in-8°, Paris, Rouane, 1887. (Couronné par l'Académie française).

Du rôle économique des joyaux dans la politique et la vie privée (extrait des *Comptes rendus de l'Académie des sciences morales et politiques*), in-8°, Paris, Picard, 1887.

Mémoire sur la provenance de l'étain dans la haute antiquité, in-8°, Bruxelles, 1888.

Les fouilles de Siverskaia, grand in-4°, Paris, Lévy, 1888.

Histoire des joyaux de la Couronne, grand in-8°, Paris, Hachette, 1889. (Couronné par l'Académie française, prix Thérouanne.)

ESSAI

SUR

L'HISTOIRE DES PANORAMAS

ET DES DIORAMAS

PAR

GERMAIN BAPST

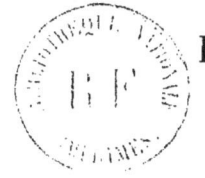

EXTRAIT DES RAPPORTS DU JURY INTERNATIONAL DE L'EXPOSITION UNIVERSELLE DE 1889

AVEC ILLUSTRATIONS INÉDITES DE M. ÉDOUARD DETAILLE

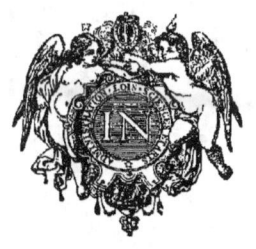

PARIS

IMPRIMERIE NATIONALE

LIBRAIRIE G. MASSON, BOULEVARD SAINT-GERMAIN, 120

M DCCC XCI

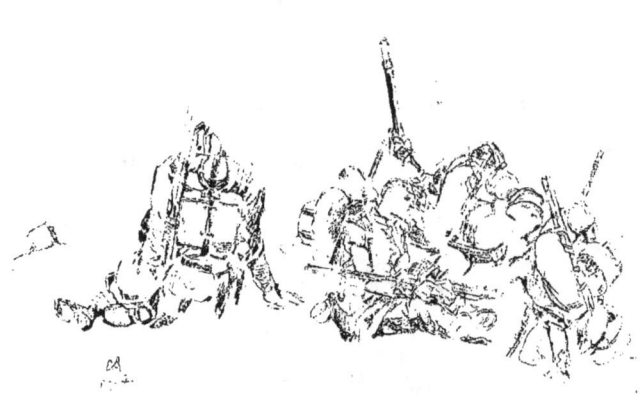

GRENADIERS DE LA GARDE

Esquisse inédite de M. Édouard DETAILLE
pour le panorama de la bataille de Rezonville.

A

MONSIEUR ROSSIGNEUX

PRÉSIDENT DU JURY DE LA CLASSE DES ARTS DÉCORATIFS
À L'EXPOSITION UNIVERSELLE DE 1889.

Mon cher Président,

Je vous prie de vouloir bien agréer l'hommage de cet ouvrage. Durant nos longues séances du jury de la classe des arts décoratifs, vous m'avez sans cesse témoigné votre bienveillance. Vous m'avez encouragé de toutes façons et vous m'avez aidé de vos conseils. Veuillez donc recevoir ici l'expression de ma profonde reconnaissance et me croire toujours votre dévoué et affectionné

GERMAIN BAPST.

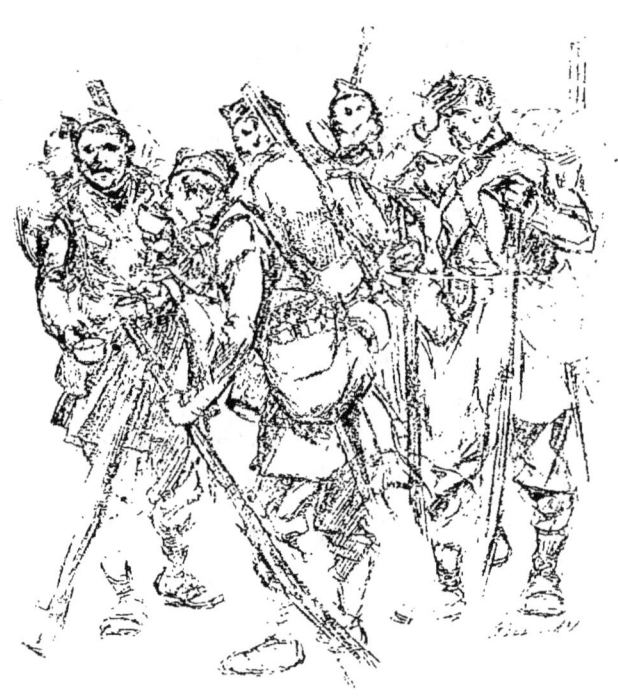

GRENADIERS DE LA GARDE

Esquisse inédite de M. Édouard DETAILLE
pour le panorama de la bataille de Rezonville.

ESSAI

SUR

L'HISTOIRE DES PANORAMAS
ET DES DIORAMAS.

A la fin du siècle dernier, vers 1785, un jeune peintre d'Edimbourg, du nom de Robert Barker, poursuivi par des créanciers, fut arrêté et jeté en prison pour dettes. Le cachot, dans lequel il fut enfermé, était en sous-sol et s'éclairait par un soupirail percé verticalement dans le plafond, à l'intersection du mur. La lumière tombant le long de ce mur s'y répandait jusqu'au sol, dans la partie située sous l'ouverture. Longtemps, le jeune Barker ne remarqua pas la manière dont le jour frappait la muraille, lorsque, s'étant mis sous le soupirail pour lire une lettre et ayant appliqué la feuille de papier contre la partie éclairée du mur, il fut étonné de la façon dont elle lui apparaissait sous cette clarté. L'effet lui sembla même si extraordinaire qu'il se promit, aussitôt sa liberté obtenue, d'éclairer par en haut des peintures de grandes dimensions. Le principe du panorama, à en croire nombre d'écrivains, aurait été ainsi découvert.

Cette anecdote est-elle vraie ou fausse? Peu importe : quel qu'ait été le point de départ de sa découverte et quoiqu'on la lui ait contestée, Barker est l'inventeur des panoramas.

Nous le démontrerons en expliquant l'importance de l'application de ses observations sur les effets de la lumière; puis ce fait établi, nous raconterons les perfectionnements successifs des panoramas, qui en France, grâce au talent de MM. de Neuville et Detaille, sont devenus des œuvres d'art de l'ordre le plus élevé.

I

La découverte de Robert Barker est constatée par le brevet d'invention qui lui fut accordé le 19 juin 1787[1]. On trouve, dans ce brevet, la description du panorama en termes si précis, qu'il est impossible de mettre en doute qu'à cette date, où rien n'avait encore été publié sur ce sujet, Barker n'ait déjà connu le panorama[2].

---

[1] *Repertory of Arts and Manufactures*, t. IV, p. 165. London, 1796. Specification of the granted to M. Robert Barker of the city of Edinburgh, portrait-painter, for his invention of an entire new contrivance or apparatus, called by him *La nature à coup d'œil* (this invention has been fire called the panorama) for the purpose of displaying views of nature at large, by oil-painting, fresco, water-colours, crayons, or any other mode of painting or drawing.

[2] Breysig publia en 1798 chez Keil, à Magdebourg,

Aussitôt le brevet pris, Barker se met à l'œuvre et cinq ans après, en 1792, il expose dans Leicester Square, à Londres, son premier panorama complet représentant : *La flotte anglaise ancrée entre Portsmouth et l'île de Wight*[1]. Paris et Berlin, les premières villes du continent qui possédèrent des panoramas, n'en eurent que huit ans après, en 1800. Aussi, quoique plusieurs peintres, tels que Prévost en France[2] et Breysig en Allemagne[3], aient plus tard revendiqué la gloire d'avoir découvert ce genre de peinture, cet honneur revient seulement à Robert Barker.

Mais avant d'aller plus loin, qu'est-ce qu'un panorama? En vertu de quelles lois scientifiques est-il conçu et par quels procédés a-t-on appliqué ces lois pour l'exécuter?

Le panorama[4] est une peinture circulaire exposée de façon que l'œil du spectateur, placé au centre et embrassant tout son horizon, ne rencontre que le tableau qui l'enveloppe. La vue ne permet à l'homme de juger des grandeurs et des distances que par la comparaison; si elle lui manque, il porte un jugement faux sur ce que sa vue perçoit.

Lorsqu'on voit un tableau, quelque grand qu'il soit, renfermé dans un cadre, le cadre et ce qui entoure le tableau sont des points de repère qui avertissent que l'on n'est pas en présence de la nature, mais de sa reproduction. Pour établir l'illusion, il faut que l'œil, sur quelque point qu'il se porte, rencontre partout des figurations faites en proportion avec des tons exacts et que, nulle part, il ne puisse saisir la vue d'objets réels qui lui serviraient de comparaison; alors qu'il ne voit qu'une œuvre d'art, il croit être en présence de la nature. Telle est la loi sur laquelle sont basés les principes du panorama.

Voyons maintenant comment on a procédé dans l'application :

On construit une rotonde à toit conique[5] (les premières rotondes avaient 17 mètres de diamètre sur 7 mètres de hauteur; depuis elles ont eu jusqu'à 50 mètres de diamètre sur 16 mètres de hauteur[6]); dans l'intérieur s'élève, au centre, une plate-forme isolée, de la hauteur de la moitié de l'édifice; c'est là que se place le spectateur, qui est

---

un ouvrage intitulé : *Skizzen, Gedanken-Umrisse; Entwürfe, die bildenden Künste betreffend* (Esquisses, pensées, projets, contours, relatifs aux arts plastiques), dans lequel, pages 140 et suivantes, il décrivait les procédés du panorama. Ce n'est donc que neuf ans après la publication du brevet de Barker que Breysig traita le même sujet; de plus, comme on le verra plus loin, en 1798, Breysig avait déjà eu connaissance par les gazettes anglaises de la découverte de Barker.

[1] *Journal des Luxus und der Moden* publié à Weimar, juin 1800, p. 282 et suivantes.

[2] Dans la biographie du peintre Prévost, par son frère, la découverte des panoramas lui est attribuée. Voir *Notice historique sur Montigny-le-Gannelon*, par Jean Prévost. Châteaudun, 1852.

[3] Voir Nagler, *Dictionnaire des artistes et peintres*, biographie de Breysig (Johann-Adam), peintre, architecte, décorateur de théâtres et professeur des beaux-arts.

[4] Rapport de M. Dufourny, membre de la commission des beaux-arts, de l'Institut, en date du 26 fructidor an VIII; extrait des *Mémoires de la classe des beaux-arts de l'Institut*, t. V, p. 55.

[5] Daly, *Revue générale de l'architecture*, t. II, p. 227. Paris, 1841.

[6] Le premier panorama de Barker avait 45 pieds de diamètre sur 16 pieds de haut. Les deux rotondes du boulevard Montmartre à Paris avaient 14 mètres de diamètre.

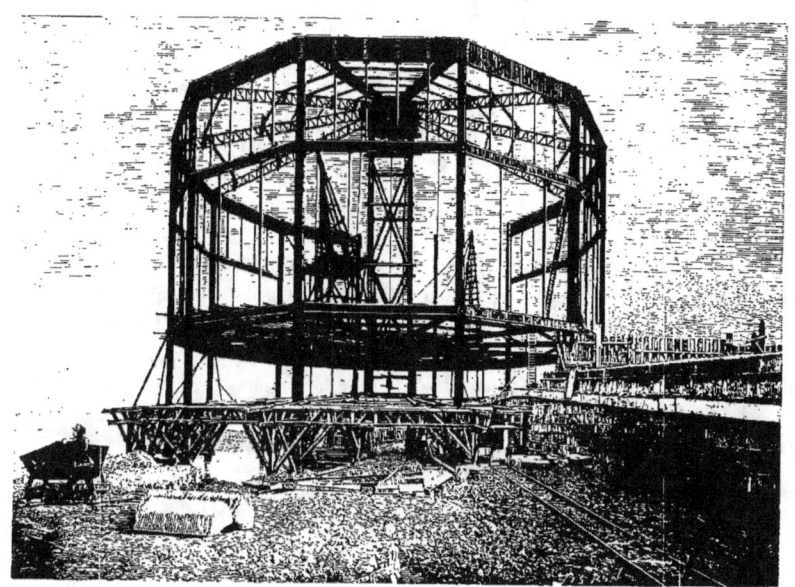

CONSTRUCTION D'UN PANORAMA (GRAVURE EXTRAITE DU JOURNAL LE GÉNIE CIVIL.)

maintenu à une certaine distance du mur circulaire entièrement recouvert par la toile du tableau. La toile est en quelque sorte sans fin, ses deux extrémités se raccordant et se confondant en un même point.

Les objets y doivent être représentés d'après les règles de la perspective, en prenant comme point central la plate-forme où se tient le spectateur.

Une zone vitrée large de 1 mètre, placée à la partie basse du toit conique, au-dessus et à l'intérieur de la toile, laisse passer le jour qui tombe directement sur elle, la partie centrale du toit restant pleine. Un parajour situé au-dessus du spectateur lui cache ce qui est au-dessus de sa tête, l'empêche de voir l'extrémité supérieure de la peinture et l'ouverture circulaire par où pénètre le jour; l'éclat de la lumière est ainsi amorti, et l'ombre du spectateur ne peut plus se dessiner sur la toile; enfin le ton gris de cet appareil forme contraste avec les tons lumineux de la peinture et les fait paraître plus éclatants. Dans les premiers panoramas, une étoffe de même couleur que le parajour était tendue en pente depuis le bord de la plate-forme jusqu'au bord du tableau; elle en dérobait l'extrémité et tenait lieu de premier plan situé dans l'intervalle compris entre le spectateur et le tableau.

Ce ne fut qu'en 1830 que l'on fit les raccords de la peinture avec les premiers plans simulés par des objets matériels. Le parajour et la tenture du bas, en coupant la peinture, l'un en haut, l'autre en bas, la faisaient paraître plus profonde et plus grande.

Pour amener le spectateur du dehors jusqu'à la plate-forme, on le conduit par des corridors sombres; dans le trajet, il perd la notion de la lumière et, lorsqu'il arrive à la place qu'il doit occuper, il passe, sans transition, de l'obscurité à la vue du tableau circulaire exposé sous la lumière la plus vive; alors tous les points du panorama se présentent à la fois et il en résulte une sorte de confusion; mais bientôt, l'œil s'habituant au jour, le tableau produit insensiblement son effet, et plus on le considère, plus on se persuade que l'on est en présence de la réalité.

Lorsque l'artiste s'occupe de lever les dessins de la vue qu'il veut représenter, il choisit, autant qu'il le peut, une éminence de la même hauteur que la plate-forme d'où il découvrira autour de lui l'horizon et apercevra les détails qui se trouvent à ses pieds. Les premiers plans devront être pittoresques et saisissants parce que c'est sur eux que se portent les premiers regards du visiteur qu'il faut tout d'abord attacher. Pour cela, on se servait d'une chambre noire tournant à volonté sur pivot au moyen de laquelle on dessinait successivement toutes les parties de l'horizon qu'elle embrassait jusqu'au point où le dernier dessin, se raccordant avec le premier, finissait le cercle [1].

Le croquis une fois fait se reportait sur la toile; on le mettait en place au moyen du fusain et on le peignait ensuite à la brosse. Aujourd'hui on ne se sert plus de chambre noire; chaque artiste lève ses croquis suivant sa méthode propre. Prévost prenait un châssis sur lequel il faisait des carreaux avec du fil; il divisait la circonférence

---

[1] Miel, *Essai sur le Salon de 1817*. Voir l'article consacré aux panoramas de Prévost.

de l'horizon en un certain nombre de parties formant autant de dessins; un dessin terminé, il passait au suivant, après l'avoir fait anticiper sur le précédent de manière que les derniers traits de l'un fussent les premiers du suivant; il obtenait ainsi un repérage qui empêchait toute confusion. En outre, il se servait du niveau d'eau pour déterminer la ligne d'horizon qu'il traçait ensuite sur les parties où elle était cachée par des montagnes, des édifices ou d'autres objets élevés; il pouvait ainsi, sur cette ligne, constater mathématiquement la mise en place de chaque objet sur la toile.

Ces procédés ont été, aujourd'hui, très simplifiés : certains artistes, comme M. Poilpot, pour son panorama des *Transatlantiques*, font exécuter la mise en place par des «perspecteurs». Ces hommes de métier, par une méthode scientifique, projettent des courbes passant par des points déterminés, rabattent des plans, calculent l'éloignement, étudient les dimensions et, au moyen de la géométrie descriptive, résolvent les problèmes qui leur sont posés en mettant au point l'objet et en lui donnant les dimensions et les formes qu'il doit avoir sur la toile pour le faire paraître, à nos yeux, tel que la réalité.

D'autres peintres, MM. de Neuville et Detaille, par exemple, procèdent plus simplement : ils se servent de la photographie.

Le colonel Langlois a appliqué, le premier, cette découverte à la levée des plans panoramiques, en 1855, lorsqu'il se rendit en Crimée pour dessiner, d'après nature, les travaux de l'attaque et de la défense du siège de Sébastopol[1]. Mais, en 1855, la photographie n'était pas aussi perfectionnée que de nos jours, et la manière de procéder de MM. de Neuville et Detaille est beaucoup plus simple que celle du colonel Langlois.

Voici comment procèdent ces deux artistes : après avoir choisi le point d'où la vue sera prise, point qui doit correspondre à la plate-forme, ils lèvent, par la photographie, toutes les parties de l'horizon qu'ils rajustent ensuite; sur cette reproduction exacte, ils exécutent l'esquisse de la peinture au dixième, aussi poussée que possible, afin qu'il n'y ait plus qu'à la transporter sur la toile. Pour reporter le paysage tel que la photographie le donne, ils se servent de projections photographiques lumineuses[2]; on divise la toile et la photographie en dix parties égales correspondantes; on projette chacune des parties photographiées sur les parties de la toile où elle doit être reproduite; puis, au moyen du fusain, on trace les lignes que dessine la lanterne lumineuse et l'on a ainsi exactement le paysage.

On s'occupe ensuite des figures : on divise l'esquisse et la toile, chacune, en un même nombre de carrés se correspondant; les carrés de la toile seront dix fois plus grands

---

[1] Notes communiquées par le baron Larrey, de l'Institut.

[2] Ce procédé a été appliqué, pour la première fois, aux panoramas, par M. Manuel Périer. Voir, sur la découverte de M. Manuel Périer et ses applications multiples, le rapport fait à la Société d'encouragement pour l'industrie nationale, par M. Rossigneux, le 23 novembre 1888. Ce procédé consiste surtout à fixer à la main des dessins rendus au moyen de projections optiques.

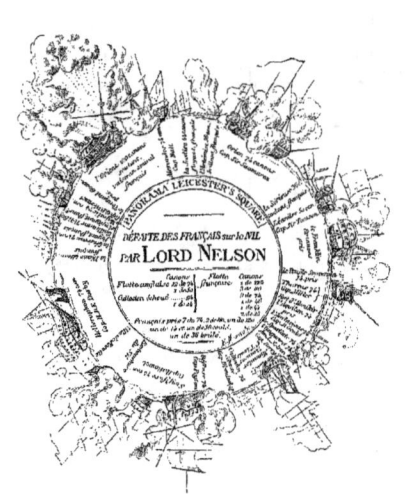 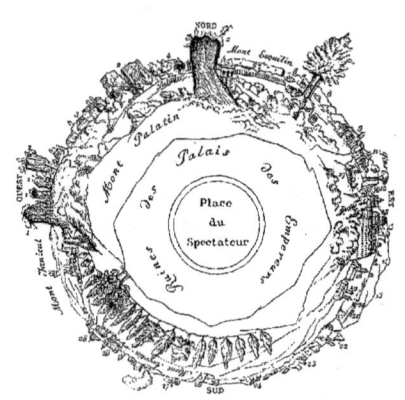

LE PANORAMA DE LA BATAILLE D'ABOUKIR, A LONDRES (1798),
tel qu'il était représenté dans la notice explicative. (Le texte anglais est ici traduit en français.)

LE PANORAMA DE ROME (1824),
tel qu'il est dans la notice explicative. (Gravure du journal La Nature.)

que ceux de l'esquisse qui est au dixième de la peinture, et l'on place ainsi les personnages sans variations appréciables.

MM. Detaille et de Neuville ont fait, eux-mêmes, leurs perspectives à l'œil et sans moyens mathématiques : la ligne d'horizon, ils l'ont placée à la hauteur d'un spectateur, de taille moyenne, debout sur la plate-forme. Par ces procédés simples, l'harmonie règne dans toutes les parties de l'œuvre, tandis qu'avec les perspecteurs et les épures, c'est la symétrie qui domine. Dans le premier cas, l'imagination et le talent de l'artiste créent tout et, par ce fait, l'inspiration l'emportant sur le procédé, le spectateur est empoigné par le sujet d'une façon qu'il est impossible d'obtenir par les moyens mathématiques plus exacts, mais qui ne laissent rien au jugement de l'artiste et enlèvent tout imprévu et tout charme à la peinture.

Le panorama de *Rézonville*, que l'on peut considérer comme le plus parfait qui ait encore été produit, a été exécuté sans perspecteur, les auteurs ayant entièrement opéré eux-mêmes suivant leur sentiment.

Le colonel Langlois peignait, comme MM. de Neuville et Detaille, par moments : il se plaçait sur la plate-forme et, de là, passait en revue les parties qui venaient d'être exécutées; il faisait des observations à ses aides, à haute voix, sur un ton de commandement. « Il semblait », nous a dit le baron Larrey, « être encore au service et commander à un régiment sur le champ de manœuvre. »

Dans les panoramas, la toile est tendue par le haut sur un fort cercle de bois et enroulée en bas sur une bague de fer à laquelle pendent des poids qui rendent sa tension constante. Malgré cette tension, la toile prend, vers le milieu, une courbure convexe, et la bague de fer doit avoir un peu moins de diamètre que le cercle de bois pour ramener le bas de la toile en avant et diminuer l'effet d'ombre qui s'y produirait, si elle était trop rentrante, le jour tombant verticalement. Dans les panoramas de 15 mètres de hauteur, la convexité peut mesurer jusqu'à un mètre; elle constitue un avantage pour le peintre; car la courbure donne des fuyants naturels et des tons dégradés qui aident à la perspective. En outre, la lumière venant d'en haut frappe plus directement les parties supérieures de la toile, c'est-à-dire le ciel, et l'éclairant beaucoup plus que la partie rentrante du premier plan donne ainsi une apparence naturelle qu'on n'obtiendrait pas sur une surface plane.

Une des difficultés de la peinture des panoramas est de rendre sur la toile circulaire des lignes droites comme celles que forme un bâtiment placé dans un premier plan. On tourne cette difficulté par un moyen fort simple, qui consiste à placer aux deux extrémités de la ligne, que l'on veut représenter, une ficelle que l'on tend rigidement; en se transportant ensuite à l'endroit où doit être le spectateur, on fait marquer sur la toile, au moyen de points, la ligne qu'y dessine la ficelle tendue et qui paraît droite lorsqu'on la voit de la plate-forme; pour tracer des lignes courbes sur la toile toujours circulaire, on indique, par le moyen précité, des lignes droites en apparence sur lesquelles on établit des courbes comme on le ferait sur un plan. Les édifices ou autres grosses masses se trouvent quelquefois au premier plan et s'élèvent jusqu'en haut de la toile; il faut les faire paraître tels qu'ils sont, c'est-à-dire que si l'édifice est à contours rectangulaires, il doit sembler aussi large en haut qu'en bas. Pour obtenir ce résultat, la masse devra être, sur la toile, beaucoup plus large à sa base qu'à son sommet, et ira en se rétrécissant selon les lois de la perspective: sinon le monument paraîtrait, de la plate-forme, beaucoup plus large en haut qu'en bas. De même, l'effet du panorama étant produit par le rapport exact de toutes ses parties, souvent les objets seront d'une dimension différente que celle que l'on pourrait supposer : ainsi, dans les panoramas de MM. Detaille et de Neuville et ceux de M. Poilpot, les personnages du premier plan n'ont que 1 m. 20 de hauteur; dans le panorama de *Rio-Janeiro*, ils sont encore beaucoup plus réduits.

MM. de Neuville et Detaille procèdent toujours plus simplement; ils jugent par eux-mêmes, du haut de la plate-forme, de l'effet obtenu et le corrigent d'après leur inspiration. La seule *tricherie*, dont ils usent, consiste à allonger le bas des figures du premier plan qui sont peintes sur les parties rentrantes de la convexité de la toile et qui, sans cette tricherie, paraîtraient presque représenter des culs-de-jatte.

Dans l'exécution du ciel on détermine le point où le soleil est censé être, et, à mesure qu'on s'éloigne de chaque côté de ce point, on fonce les teintes alternativement jusqu'à ce qu'on arrive à la jonction des deux teintes similaires à l'opposé du point de départ, c'est-à-dire du soleil[1].

Le jour frappe la toile d'une telle façon que la peinture se colore de nuances différentes suivant l'heure et le temps. Pour expliquer ces effets, il nous faut entrer dans quelques détails sur la décomposition de la lumière : supposons sur une surface deux couleurs différentes, mais de même valeur, l'une rouge et l'autre verte; si on fait traverser par la lumière qui doit éclairer les deux couleurs un milieu rouge, comme un verre coloré, la couleur rouge réfléchira les rayons qui lui sont propres, tandis que la couleur verte restera noire. En substituant un milieu vert au milieu rouge, le rouge deviendra noir et le vert reprendra ses tons[2].

On comprend alors combien il est important, en raison de la décomposition des couleurs, d'observer l'état du ciel dans la peinture des panoramas. La lumière d'un ciel bleu donne de la puissance aux tons bleus et, en général, aux tons froids et laisse ternes les tons colorés; au contraire, le ciel coloré fait perdre aux tons froids de leur intensité et accentue les tons chauds, tels que le jaune et le rouge. Si une aurore boréale vient à se produire, le rouge et le jaune s'avivent de telle façon qu'immédiatement le phénomène céleste apparaît, dans le panorama, aux yeux du spectateur comme en plein air.

---

[1] *Description des machines et procédés spécifiés dans les brevets d'invention, de perfectionnement et d'importation*, par M. Christian, directeur du Conservatoire royal des arts et métiers, vol. 13-14, p. 1. Brevet de perfectionnement de dix ans, du 3 juin 1816, pour l'art de peindre les panoramas, au sieur Prevost, à Paris.

[2] *Historique et description des procédés du daguerréotype et du diorama*. Paris, 2ᵉ édition, p. 75.

De cela on peut conclure : que les rapports d'intensité de couleur ne peuvent se conserver du soir au matin et que certains panoramas, qui représentent une vue ou un sujet au soleil couchant, doivent être vus le soir. Le panorama de *Rio-Janeiro*, peint par MM. Mérelle et Laugerock, qui se trouve actuellement à Paris, représente cette ville éclairée par le soleil couchant; aussi, si ce spectacle est plein de charme lorsqu'on le visite dans la soirée, il perd nombre de ses qualités lorsqu'on le voit le matin. Il y a donc lieu, pour peindre, comme pour juger un panorama, de tenir compte de cette décomposition de la lumière qui peut en faire changer l'aspect du tout au tout[1].

II

Barker n'avait pas réussi du premier coup à appliquer sa découverte, car en 1787 il avait fait à Édimbourg un premier essai : c'était une vue de cette ville, peinte à la détrempe, sur une grande toile tendue en demi-cercle. Ce ne fut qu'en 1792, cinq ans après avoir publié sa découverte dans son brevet, que Barker ouvrit pour la première fois son panorama à Londres. Il avait donc mis cinq ans à exécuter la peinture circulaire qui fut le premier panorama.

Les artistes de Londres accueillirent peu favorablement la découverte de Barker; le gros public, au contraire, ne cessa d'affluer aux panoramas qui se renouvelaient tous les six mois.

La rotonde qui les contenait, située dans Leicester Square, n'avait que 16 pieds de hauteur sur 45 de diamètre. Ce fut d'abord, comme nous l'avons déjà dit, la *Vue de la flotte anglaise à Portsmouth* que Barker fit paraître. Le vaisseau-amiral était représenté pris d'incendie, au moment où les flammes dévorent les agrès, où les embarcations sont jetées à la mer et où le sauve-qui-peut commence. Une *Vue de Londres*, prise du moulin d'Albion, suivit bientôt; puis succédèrent la *Bataille navale du 1er juin 1795*[2], les *Bains de Brighthelmstone* et les *Environs de Windsor*.

En 1798, il donna deux panoramas, l'un au-dessus de l'autre : celui du premier étage représentait la *Bataille navale d'Aboukir*, où le vaisseau-amiral *l'Orient* saute en l'air; en montant quelques marches au-dessus de la première plate-forme, au lieu de la vue d'un combat sanglant, on trouvait l'aspect paisible des *Bains de Margate*[3].

---

[1] Voir Ersch et Grüber, *Allgemeine Encyclopädie der Wissenschaften und Künste*.

Le rédacteur de l'article sur les panoramas de cette encyclopédie raconte l'anecdote suivante : « On attribue au hasard la première idée du panorama. Dans le palais de l'ambassadeur, lord Hamilton, à Naples, il y avait une chambre, à l'angle du bâtiment, lambrissée et ornée de glaces et ayant des balcons. Les magnifiques environs de Naples se reflétaient tout entiers dans ces glaces, et lord Hamilton fit transporter sur la toile cette image ainsi reflétée. » Ce fait nous paraît vrai, mais le reflet de la vue de Naples dans des glaces, et la reproduction par la peinture de ces vues, ne pouvaient en rien être comparés à des panoramas, ni indiquer, par conséquent, les procédés découverts et appliqués par Barker.

[2] Ersch et Grüber, *Allgemeine Encyclopädie*. Il fut aidé dans ce travail par le capitaine Barlow, qui commandait alors la frégate *le Pegasus*, et par le capitaine Seymour.

[3] *Journal des Luxus und der Moden*, déjà cité, livraison de juin 1800, page 282. — *Journal London*

Pour obtenir deux panoramas l'un au-dessus de l'autre, il faut que la circonférence de celui du haut soit plus petite que celle du panorama du bas : le jour tombe alors sur celui-ci, en frisant extérieurement le derrière de la toile de celui du haut. C'est ainsi que sont disposés aujourd'hui les dioramas au-dessous des panoramas; dans ce cas, le plancher sert de parajour au panorama du bas.

Peu après l'établissement de la première rotonde à Londres, l'Américain Fulton, plus connu par la découverte des bateaux à vapeur, étudia les procédés de Barker et voulut les importer en France [1].

Robert Fulton avait été d'abord ouvrier orfèvre, et avait appris, dans son atelier, quelques principes de dessin et de peinture. Venu en Angleterre en 1786, il suivit à Londres les leçons du peintre d'histoire West et comprit bien vite, après les avoir examinés, les procédés d'exécution des panoramas. Appelé à Paris en 1796 par un de ses compatriotes, Joël Barlow, il prit, le 6 floréal an VII (26 avril 1799) [2], un brevet d'importation en France, dont la durée était de dix ans. Ne pouvant tirer parti de son brevet, faute d'argent, Fulton s'entendit avec M. et Mme James Thayer, et leur céda tous ses droits le 17 frimaire an VIII. L'argent que lui rapporta cette vente lui permit d'abandonner la peinture et de se consacrer à la mécanique, ce qui lui valut sa célébrité.

James Thayer fit construire simultanément deux coupoles sur le boulevard Montmartre à l'entrée du passage qui prit de ce fait le nom de passage des Panoramas [3]. Dans la première fut représentée une *Vue de Paris*, prise du sommet du dôme central des Tuileries, qui avait été peinte par Jean Mouchet, Denis Fontaine, Pierre Prévost et Constant Bourgeois [4].

On l'annonça ainsi au public [5] : « Le panorama ou *tableau sans bornes*, représentant

---

und Paris, 1798, IV, et 1799, IV et V. Voir aussi : Archenholz, dans les *Brittisch Annalen*, XI, page 430, et XVI, page 199; Millin, *Dictionnaire des beaux-arts*, tome III, page 38.

[1] Ersch et Grüber, *Allgemeine Encyclopädie der Wissenschaften und Künste*. Article sur les panoramas.
Rapport de M. Dufourny, membre de l'Institut, en date du 26 fructidor an VIII, extrait des *Mémoires de la classe des beaux-arts de l'Institut*, tome V, page 55.

[2] Rapport de M. Dufourny, membre de l'Institut, et description des machines et procédés spécifiés dans les brevets d'invention. Tome III, page 44, Paris, 26 avril 1799 (6 floréal an IX). Brevet d'invention et de perfectionnement de dix ans, pour les panoramas, au sieur Fulton (Robert), des États-Unis.

[3] Rapport de M. Dufourny, déjà cité.

[4] *Magasin encyclopédique*, année 1800, n° 33, p. 391 :
« La commission a conclu que la manière d'exposer les tableaux connus sous le nom de *panoramas*, inventée à Londres par M. Barker, d'Édimbourg, introduite en France par l'Américain Fulton, et perfectionnée par son compatriote, le citoyen James, à l'aide des artistes français Fontaine, Prévost et Bourgeois, étant une découverte aussi curieuse dans ses effets qu'intéressante au progrès des arts auxquels elle est essentiellement liée, et qu'à ce titre elle mérite l'intérêt et l'approbation de l'Institut; que la *Vue de Toulon* nouvellement installée par le citoyen James, et exécutée par les citoyens Prévost et Bourgeois, étant à bien des égards supérieure à la *Vue de Paris*, l'Institut devait témoigner sa satisfaction au citoyen James et à ces artistes, et les engager à redoubler d'effort pour obtenir de nouveaux succès qui leur méritent de plus en plus les suffrages des gens instruits et la bienveillance du Gouvernement. »

[5] *Journal des Luxus und der Moden*, déjà cité. Juin 1800, page 282.

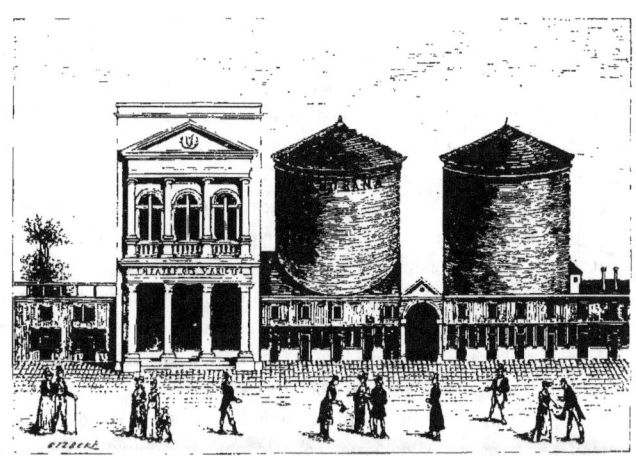

LES PREMIÈRES COUPOLES DES PANORAMAS À PARIS SUR LE BOULEVARD MONTMARTRE (1802).
D'après une gravure du temps reproduite par le journal *La Nature*.

une superbe *Vue de Paris et de ses environs*, prise du haut du palais des Tuileries, est ouvert tous les jours à la nouvelle rotonde, située Jardin dit *d'Apollon*, boulevard Montmartre, depuis 8 heures du matin jusqu'à 8 heures du soir. Prix d'entrée : 1 fr. 50 par personne. »

Le second panorama représentait *L'évacuation de Toulon par les Anglais en 1793*, lorsque le feu de notre artillerie, dirigée par le jeune Bonaparte, avait mis la place dans l'impossibilité de se défendre. Cette page historique, peinte par Pierre Prévost et Constant Bourgeois, fut déclarée supérieure à la *Vue de Paris*, et mérita les éloges de l'Institut [1].

Les deux premiers panoramas parisiens furent payés aux peintres 8,000 francs chacun [2]. Les rotondes qui les contenaient avaient 17 mètres de diamètre, sur 7 mètres de hauteur [3]. Leur construction n'atteignait pas le degré de perfection des rotondes actuelles; le jour y pénétrait par un vitrage monté sur châssis, en sorte que par le soleil, l'ombre du châssis se reproduisait sur la toile. Il fallait un ciel très clair pour visiter ces panoramas; si le temps devenait sombre, ou s'il y avait du brouillard, on fermait l'entrée.

La peinture était encore traitée d'une façon mécanique : sur une toile de canevas, on collait du papier que l'on préparait, par un léger ponçage, à recevoir la peinture; les tons s'obtenaient par environ soixante teintes d'une même couleur, appliquées par bandes successives au moyen de la brosse ou du blaireau, et l'on fondait les nuances bord à bord. Souvent l'on appliquait des couches de couleur sur la zone vitrée pour en faire refléter les tons sur la peinture; ces derniers procédés disparurent bientôt et l'on n'usa plus que de la lumière naturelle pour éclairer la peinture.

En même temps que Prévost et Bourgeois faisaient les premiers panoramas de Paris, Barker transportait les siens en Allemagne, sous le nom pompeux de *Nausorama*. En 1799, on vit à Hambourg le tableau de *La flotte anglaise à Portsmouth*, et l'année suivante, Leipzig posséda, au moment de la foire, la *Vue de la ville de Londres*, prise du moulin d'Albion [4].

Ces panoramas n'arrivèrent en Allemagne qu'après avoir voyagé à travers les principales villes d'Angleterre; aussi étaient-ils plus ou moins détériorés. A Hambourg, on les installa dans une rotonde en planches, sur la place du grand marché, et à Leipzig, sur la Rossplatz.

La *Vue de la flotte anglaise devant Portsmouth* datait de huit ans; elle eut cependant un succès d'actualité [5]. Elle représentait le vaisseau-amiral au moment où le feu

---

[1] *Magasin encyclopédique*, année 1800, page 391, n° 33.

[2] *Notice historique sur Montigny-le-Ganneton*, par Jean Prévost. Chateaudun, 1852.

[3] Rapport de M. Dufourny, déjà cité.

[4] *Journal des Luxus und der Moden*, publié à Weimar. Juin 1800, p. 282.

Journal London und Paris, 1798, IV, et 1799, IV et V; *Brittisch Annalen*, XI, page 430, et XVI, page 199.

Millin, *Dictionnaire des beaux-arts*, tome III, page 38.

[5] *Journal des Luxus und der Moden*. Décembre 1800, pages 642 et suivantes.

se déclare à son bord. Les Hambourgeois s'y rendirent en foule, pour voir le spectacle de l'incendie qui leur rappelait celui du navire *Queen Charlotte*, qui venait d'être détruit peu de temps auparavant, en vue de Livourne, et dont le sinistre avait eu un retentissement dans toute l'Europe. Au dire des critiques d'art allemands, ce panorama était sans mérite, et, déclare l'un d'eux : la *Vue du port de Hambourg* avec ses innombrables navires, du haut de Baumhaus, par un jour de soleil, est plus émouvante [1].

Après six mois d'exposition, les entrepreneurs changèrent les panoramas de ville : Hambourg eut le tableau primitivement exposé à Leipsig, tandis que Leipsig eut celui de Hambourg.

L'Allemagne ne resta pas longtemps tributaire de l'étranger pour la construction des panoramas. Un peintre-décorateur de Magdebourg, Breysig, fut l'introducteur de ce genre de peinture dans son pays. Il s'occupait de décorations qu'il était de mode, alors en Allemagne, de placer dans les jardins anglais. Depuis longtemps il s'était attaché à étudier les effets que la lumière produisait sur ces peintures exposées en plein air, et il s'efforçait d'en profiter pour donner aux points de vue qu'il exécutait l'illusion de la réalité. En outre, il recherchait, pour les peindre, les vues les plus favorables à être ainsi reproduites, dans le fond d'allées couvertes ou sous des charmilles. En quête de sujets à peindre, il se rendit en 1792 en Italie; arrivé à Rome, il visita les ruines du palais des Césars et fut saisi de la vue qu'on y découvrait. Il en fit un croquis des plus poussés, qu'il rapporta en Allemagne. Il ne songea point, d'abord, à tirer parti de son travail; mais en 1794, occupé à Leipzig à des décorations de théâtre, il eut l'occasion d'en parler; on lui communiqua alors un article de gazette sur les premiers panoramas que Barker avait inaugurés à Londres. Breysig pensa à se servir de ses études pour un même genre de peinture, mais sans en commencer l'exécution. Ce ne fut qu'en 1800 que, s'étant rendu à Berlin, il rencontra le peintre paysagiste Tielker, qui lui proposa d'exécuter un panorama en collaboration avec le paysagiste Kaaz. Ce dernier fit d'abord l'esquisse d'un paysage suisse qui fut exposé à l'École des beaux-arts de Magdebourg; mais Breysig proposa la *Vue de Rome*, prise du palais des Césars, et elle fut préférée.

Les deux artistes se mirent aussitôt à l'œuvre; Breysig fit la partie architecturale et la perspective; Kaaz, les personnages, le ciel et la nature. Une rotonde fut construite à Berlin, sur les plans de Breysig, et le panorama allemand fut ouvert au public en juillet 1800. La presse allemande prodigua ses éloges aux auteurs, mais surtout à Kaaz, et sembla laisser de côté Breysig, qui nous paraît cependant avoir eu le rôle prépondérant dans cette œuvre [2].

En France, les premiers panoramas avaient excité un intérêt considérable. L'Institut

---

[1] *Journal des Luxus und der Moden*. Le Nausorama, à Hambourg. Extrait d'une lettre du 12 mai 1800.

[2] *Ibid.*, décembre 1800, p. 642 et suivantes. — *Jahrbücher der Preuss. Monarchie*, juillet 1800, p. 638. — *Mode-Journal*, septembre 1800, p. 477.

nomma en l'an VIII une commission pour étudier cette découverte. L'architecte et peintre Dufourny, nommé rapporteur, publia sur la question un mémoire qui est resté un modèle de précision et de clarté. Dans sa conclusion, l'auteur ouvrait la voie à de nouvelles inventions en indiquant les applications multiples que pourrait avoir ce genre de peinture [1].

À partir de 1800, les panoramas parurent dans toutes les capitales de l'Europe. On en fit un à Vienne, qui revint à 15,000 florins [2]; la toile mesurait 1,000 mètres carrés et avait 27 mètres de diamètre; elle représentait la *Vue de Vienne*, prise du haut de la tour des Augustins, et avait été exécutée par le professeur Jausche et le peintre Postl, d'après les dessins de William Barton.

À Amsterdam, Van de Watt fit le panorama de *La Gueldre*, en 1806 [3].

Prévost, qui était devenu à Paris le principal artiste en ce genre de peinture, fit paraître *le Camp de Boulogne* et la *Vue d'Amsterdam* [4], au commencement de l'hiver, tandis qu'à Londres, Barker exposait la *Bataille de Trafalgar* et qu'à Berlin on apportait le panorama représentant la *Vue de Vienne*, qui avait d'abord été montré dans cette ville.

Malgré leurs imperfections, ces premiers panoramas eurent un succès prodigieux partout où ils furent exposés. On est même étonné, en pensant à la proximité du spectateur et de la toile, de l'enthousiasme qui s'empara des artistes et des connaisseurs à leur apparition. À Paris, David conduisit ses élèves voir l'un de ceux peints par Prévost, au boulevard Montmartre : après quelques minutes d'examen, il ne put s'empêcher de dire, dans son admiration : «Vraiment, Messieurs, c'est ici qu'il faut venir pour étudier la nature [5].»

Prévost avait été le principal peintre de panoramas à Paris; James Thayer, qui en était l'entrepreneur, s'associa, et tous deux, en 1807, firent élever, entre la rue Neuve-Saint-Augustin et le boulevard des Capucines, une nouvelle rotonde, de 32 mètres de diamètre sur 16 mètres d'élévation. La plate-forme du milieu était appuyée contre le pilier du centre, qui soutenait la toiture; des châssis vitrés, placés dans la partie inférieure du comble, laissaient pénétrer le jour. Cette construction, entourée de terrains vagues ou enclavée au milieu d'habitations particulières, n'avait aucun décor extérieur; on y pénétrait par un corridor de 15 mètres de longueur, à partir du boulevard où était l'entrée ornée de pilastres coniques.

---

[1] Voir *La décade philosophique*, tome XXVII, du 30 vendémiaire an IX, p. 137.

[2] Ersch et Grüber, *Allgemeine Encyclopädie* déjà citée.

[3] Idem, ibid.

[4] Ce panorama avait un aspect très triste, en raison du choix de la saison brumeuse, où la nature est morte et où les travaux sont suspendus. «Si on remarque quelques personnages sur les bords du canal, ils composent un convoi funéraire et semblent être placés là exprès pour rappeler l'idée de la mort, qui se présente partout dans ce tableau.» *Annales des arts*, an XIII (1804), p. 203.

[5] Daly, *Revue générale de l'architecture*, tome II, p. 2227, Paris, 1841, article de MM. J.-J. Hittorff, membre de l'Institut, sur l'*Origine des panoramas*. Cette anecdote est aussi reproduite dans un article de Philippe Le Bas, de l'Institut, sur les panoramas, mais il en discute l'authenticité (*Univers pittoresque*, tome XXV, p. 321, Paris, 1844.)

C'est dans cette nouvelle rotonde que fut exposée *L'entrevue de Tilsitt, en 1807* [1]. Napoléon y vint en 1810; il pensa que ce genre de peinture pourrait lui servir à populariser ses victoires et il chargea alors l'architecte Célérier de dresser les plans de huit rotondes qui devaient être élevées dans le grand carré des Champs-Élysées. Dans chacune d'elles devait être représentée l'une des grandes batailles de la Révolution ou de l'Empire. L'empereur se réservait la faculté d'acheter les toiles au prix de 45,000 francs l'une; on devait ensuite les promener dans les principales villes de l'Empire. Les événements de 1812 ne permirent pas la réalisation de ce projet.

Peu de temps avant la campagne de Russie, le 6 mai 1812, Prévost inaugura la *Vue de la ville d'Anvers*, qui fut remplacée en 1816 par une *Vue de Londres*, dont une description nous a été donnée par Miel dans son *Essai sur le Salon de 1817* [2]. « Si je disais », écrivait-il : « Qui a vu le panorama de Londres est allé à Londres, je pourrais être taxé d'exagération; mais je ne serai pas vrai en disant : Qui a vu le panorama de Londres sera en état de s'orienter dans Londres. »

Le critique insistait sur la difficulté qu'avait eu à vaincre le peintre en représentant l'église de Westminster : « Elle occupe », disait-il, « à elle seule à peu près un tiers du tableau, c'est-à-dire un arc d'environ 90 pieds, et les longues lignes d'architecture qui en profilent semblent tracées sur une surface plane. » Miel terminait son article en demandant que le Gouvernement « prît sous sa protection cette découverte pour lui donner tout le développement dont elle est susceptible ».

En 1819, *Jérusalem* remplaça *Londres* dans la grande rotonde du boulevard des Capucines, et un journal nous apprend que cette vue produisit une recette de 28,755 fr. 45 durant l'année 1820, tandis que les petites rotondes du boulevard Montmartre, avec les panoramas de *Rome* et d'*Amsterdam*, qui n'avaient pas été changés depuis 1804, ne rapportaient que 3,019 fr. 50.

En 1821, *Athènes* succéda à *Jérusalem*. Ces deux panoramas d'*Athènes* et de *Jérusalem* reçurent la visite de Châteaubriand qui leur consacra quelques lignes dans la préface de ses œuvres complètes : « On a vu à Paris », dit-il, « les panoramas de *Jérusalem* et d'*Athènes*; je reconnais au premier coup d'œil tous les monuments, tous les lieux et jusqu'à la petite chambre que j'habitais dans le couvent de Saint-Sauveur. Jamais voyageur ne fut mis à si rude épreuve. Je ne pouvais m'attendre que l'on transportât Jérusalem et Athènes à Paris [3]. »

Ces deux dernières villes avaient été peintes d'après nature. En 1816, aussitôt son panorama de *La vue de Londres* terminé, Prévost était parti pour l'Orient et y avait successivement étudié : Jérusalem, Athènes et Constantinople. Malgré la maladie dont il

---

[1] *Le Moniteur universel* du 9 avril 1809 l'annonçait en ces termes : « Panorama. Les *Vues d'Amsterdam* et de *Boulogne* sont exposées dans les deux rotondes du boulevard Montmartre, depuis 10 heures du matin jusqu'à 6 heures. La *Vue de Naples* est exposée dans une troisième rotonde. Celle de *Tilsitt* vient d'être ouverte au public dans la grande rotonde, boulevard des Capucines. Prix d'entrée : 2 francs chaque. »

[2] Miel, *Essai sur le Salon de 1817*, déjà cité.

[3] Voir aussi *Revue générale d'architecture*, tome II, 1841, article de M. Hittorff, membre de l'Institut, sur les panoramas.

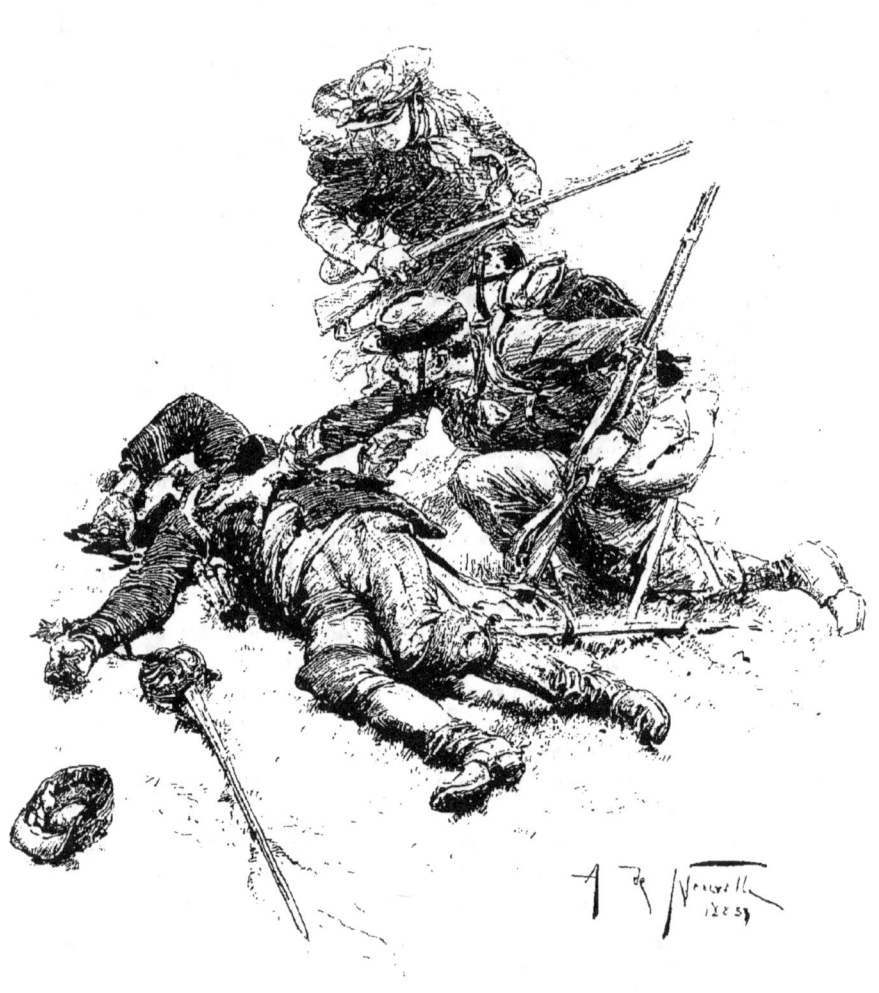

Esquisse de M. Alphonse de NEUVILLE
pour le panorama de la bataille de Champigny.

était atteint, il put achever la peinture des deux premières villes, mais il mourut en 1823, au moment où il commençait celle de Constantinople; son frère, Jean Prévost, et son élève, Roumy, durent le terminer.

Ces deux artistes firent paraître à Paris, en 1824, la *Vue de Rio-Janeiro*; mais ils n'avaient pas le talent de Prévost et ne jouissaient pas comme lui de la faveur du public. Trois ans après, en 1827, M. Alaux fit construire, rue Saint-Fiacre, une nouvelle rotonde, dans laquelle il représenta un système de panorama, connu sous le nom de *Neorama*, inventé par lui; c'étaient des vues d'intérieur, principalement d'églises, de temples ou de palais. Il peignit d'abord *La basilique de Saint-Pierre de Rome* et ensuite *L'abbaye de Westminster*; mais le Neorama eut peu de succès.

La toile représentant *L'abbaye de Westminster* est encore au musée du Louvre; ceux qui en connaissent les greniers ont pu la voir, sous la forme d'énormes rouleaux placés dans les corridors des combles.

Aussi, Prévost mort, crut-on que les panoramas allaient disparaître et qu'il ne resterait plus rien de la découverte de Barker. La grande rotonde du boulevard des Capucines fut alors démolie; celles plus petites du boulevard Montmartre subsistèrent encore et l'on y montrait les *Vues de Naples et de Rome*, jusqu'en 1831, époque où elles furent détruites. Le public n'y affluait plus comme au temps de Prévost : heureusement, ce peintre avait dressé deux artistes qui acquirent plus tard de la célébrité et qui, s'ils ne firent plus de panoramas, furent les inventeurs du diorama : c'étaient Daguerre et Bouton.

III

C'est en 1823, peu après la mort de Prévost, que Bouton et Daguerre firent paraître leur premier diorama. Daguerre, qui devait s'illustrer plus tard en découvrant avec Niepce les principes de la photographie, s'était déjà fait connaître par ses décors de théâtre, principalement par ceux d'*Aladin* à l'Opéra. Ce fut probablement en étudiant les effets de la lumière que la création du diorama lui fut inspirée par la lecture du rapport de Dufourny sur l'invention des panoramas, car le principe du diorama y est indiqué en ces termes :

« L'illusion produite par le panorama n'ayant d'autre cause que le rapport exact de proportion entre toutes les parties, et l'absence totale des termes de comparaison qui pourraient détruire cette illusion, ne peut-on pas obtenir pour tous les tableaux cet effet magique qui seul peut leur donner tout leur prix? Serait-il donc difficile d'isoler un tableau, en sorte que les objets dont il se trouverait environné ne servissent nullement à l'œil pour lui faciliter les moyens de reconnaître la petitesse, la proximité, la faiblesse du coloris des objets représentés; et le procédé employé pour la totalité et en grand dans le panorama ne donnerait-il pas partiellement le même résultat[1]? »

---

[1] Mémoire de l'Académie des beaux-arts, déjà cité.

Passant de la théorie à la pratique, Daguerre et Bouton réalisèrent la proposition de Dufourny et représentèrent sur des toiles planes ou légèrement cintrées des tableaux de grandes dimensions, éclairés de diverses façons et sur lesquels ils appliquèrent les procédés de décomposition de la lumière. Le 11 juillet 1823, Daguerre et Bouton ouvrirent leur diorama, rue Sanson, derrière le Château-d'Eau, sur l'emplacement de l'hôtel du trésorier de la Chambre aux deniers, Sanson. La construction était en forme de rotonde; au centre se trouvait la salle des spectateurs; les dioramas étaient près des murs disposés comme une scène de théâtre. Les dioramas étaient fixes, et la salle des spectateurs mobile. Elle portait sur un pivot à son centre, et était maintenue, à son pourtour, par des galets sur lesquels elle glissait en tournant sur elle-même, au moyen d'un manège établi dans les fondations. Un seul homme pouvait la mettre en mouvement. L'ouverture de la salle des spectateurs et celle des dioramas mesuraient toutes deux 7 mètres de largeur sur 4 mètres de hauteur, et comme elles étaient identiques, elles se raccordaient l'une à l'autre, lorsque par le manège on amenait celle de la salle en face de celle d'un des dioramas; aussi les spectateurs se trouvaient-ils transportés devant le spectacle, sans mouvement sensible. Chaque tableau était enfermé dans deux parois verticales de 15 ou 20 mètres de longueur, légèrement évasées, mais pas assez pour permettre à l'œil d'apercevoir les lignes extrêmes de la peinture, qui mesurait quelquefois 22 mètres de largeur sur 14 de hauteur. Dans la rotonde, il y avait quatre emplacements pour quatre dioramas; on n'en montrait que deux à la fois parce que l'on peignait les deux autres pendant que les deux premiers étaient ouverts.

A partir de 1827, Daguerre et Bouton exposèrent successivement dix-huit tableaux, dont les plus connus sont : *L'intérieur de la cathédrale de Cantorbery*; *La vallée d'Unterwalden*; *Saint-Pierre de Rome*; *l'Inauguration du temple de Salomon* et *le Bassin du commerce à Gand*.

Bouton se sépara bientôt de Daguerre et alla fonder à Londres un diorama pour y montrer les tableaux qu'ils avaient faits en commun, à Paris. Quand ces tableaux avaient épuisé la curiosité anglaise, on les envoyait en Amérique.

Resté seul à Paris, Daguerre continua d'exécuter ses dioramas. Il fit successivement : *Le déluge*; *Une vue de Paris*; *Le 28 juillet 1830 à l'Hôtel de ville*, etc.; mais le plus célèbre de tous fut *Le tombeau de Napoléon à Sainte-Hélène*.

Vers 1831, il commença les dioramas à double effet, c'est-à-dire ceux où le spectacle se modifiait; *La messe de minuit à Saint-Étienne-du-Mont* est le plus connu des dioramas de ce genre : l'église paraissait d'abord vide, vue de jour; puis on voyait le crépuscule s'accentuer, la nuit arrivait et, bientôt, le sanctuaire s'éclairait; à la lueur des cierges et des lampes, l'église, qui avait paru vide, s'emplissait d'une foule compacte, et les chaises, naguère inoccupées, se trouvaient garnies de monde.

Après *La messe de minuit à Saint-Étienne-du-Mont* parurent : *la Vallée de Goldau*, où l'on distinguait des éboulements de rochers là où, auparavant, on avait vu une vallée verdoyante, et enfin *le Sermon à l'église de Montréal*.

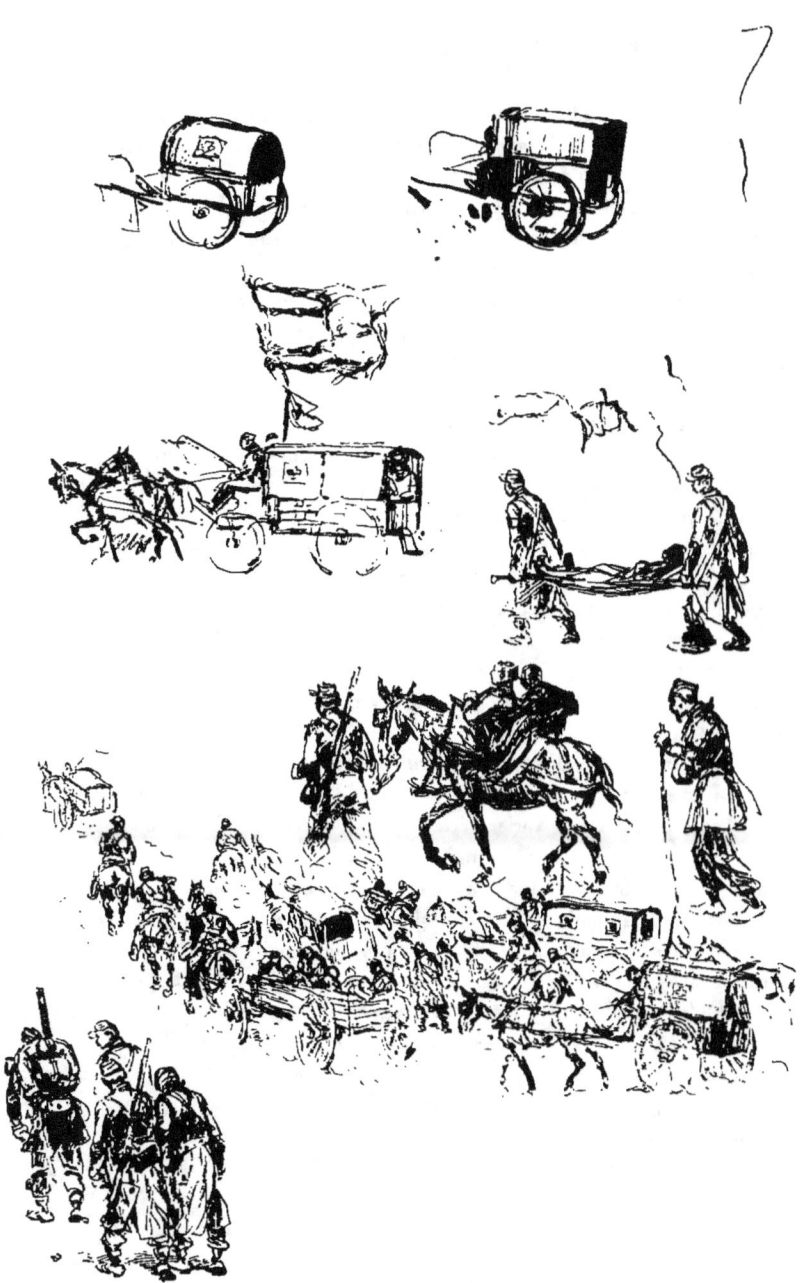

Esquisse inédite de M. Édouard DETAILLE
pour le panorama de la bataille de Rezonville.

Le diorama à double effet était peint des deux côtés, sur une toile unique. La lumière seule était mobile : lorsque le diorama était éclairé par devant, la peinture qui était faite de ce côté apparaissait seule; en faisant disparaître peu à peu la lumière venant par devant, et en la remplaçant par la lumière frappant directement la toile par derrière et éclairant les parties peintes de ce côté, celles-ci apparaissaient et se substituaient, dans certaines parties voulues, à la peinture exécutée sur le devant.

Daguerre a du reste expliqué lui-même ses procédés[1] : pour obtenir le tableau à double effet, il faut se servir d'un tissu régulier et transparent, percale ou calicot, avec le moins de coutures possible. Le premier effet, celui du devant, doit être clair; on ne peut y employer que des couleurs transparentes, pour qu'on puisse voir la peinture du second effet, qui est derrière. En conséquence, on ne peut pas se servir de couleurs opaques comme le blanc, qui l'est toujours; la toile doit rester blanche pour tenir lieu de cette couleur, comme dans les aquarelles. Le trait est fait à la mine de plomb : on emploie des couleurs broyées à l'huile, mélangées à l'essence. Le second effet se peint derrière la toile; l'artiste, en le faisant, n'est éclairé que par la lumière de devant, car il doit apercevoir par transparence les formes du premier effet, afin de pouvoir, à sa volonté, les conserver ou les annuler. Dans le second effet, il ne s'occupe que des modelés en blanc et en noir; en mélangeant ces deux couleurs, il obtient les dégradations de teintes qu'il peut désirer.

Lorsque l'on veut montrer au spectateur l'effet du devant de la toile, on l'éclaire par réflexion, c'est-à-dire par la lumière venant du devant. Pour éclairer le second effet, on le fait par réfraction, c'est-à-dire par derrière. La lumière qui éclaire le devant du tableau vient d'en haut; celle du derrière provient de fenêtres verticales assez éloignées du tableau, pour permettre de varier l'éclairage. Les jeux de lumière demandent, pour être bien employés, des tours de main spéciaux et une longue pratique; Daguerre dut les étudier pour chacun de ses dioramas. Ces dioramas à double effet ne durèrent pas longtemps, car la rotonde qui les abritait fut incendiée en 1839.

Bouton, après avoir exposé à Londres les dioramas exécutés avec Daguerre avant leur séparation, en fit, sans collaborateur, un certain nombre qui parurent d'abord en Angleterre et dont les plus remarquables furent : *le Caveau de Saint-Denis* et *l'Abbaye de Westminster*. Revenu à Paris, après l'incendie du diorama de la rue Sanson, il en fit reconstruire un nouveau, boulevard Bonne-Nouvelle, et en septembre 1843, il l'inaugura par la *Vue de Fribourg*, en appliquant les principes à double effet de Daguerre. La *Vue de Chine*, exposée en 1847, où l'on voyait la ville de Canton, prise sur le canal de Homan, avec la fête des lanternes, fut, dans la suite, celui des tableaux qui eut le plus de succès[2].

Quant à Daguerre, l'année de l'incendie de son diorama, il découvrit le procédé de fixer les images sur la plaque métallique, appelée de son nom *daguerréotype*. Depuis,

---

[1] *Historique et description des procédés du daguerréotype et du diorama*, rédigés par Daguerre, p. 75. Paris, 2ᵉ édit., 1839. — [2] Voir l'article de M. Thénot dans l'*Encyclopédie du xixᵉ siècle*, au mot «Diorama».

il se consacra exclusivement aux études de l'application de la lumière, devint l'un des inventeurs de la photographie et renonça aux dioramas.

Les décorations théâtrales et les dioramas de Daguerre ont aujourd'hui disparu, et il serait difficile de se faire une idée de son talent, s'il n'existait encore à l'église de Brie-sur-Marne un grand tableau en trompe-l'œil, qu'il peignit vers 1845. Cette toile représente l'intérieur d'une église gothique; elle est placée au-dessus du maître-autel de la petite église de Brie, et les lignes ainsi que les teintes sont calculées de telle façon que l'illusion de la réalité est complète, pour le spectateur, qui croit voir derrière le maître-autel une gigantesque cathédrale avec sa nef et son transept, dont l'église de Brie ne semble être que le porche.

Dans ses premiers dioramas, Daguerre avait exécuté quelques parties de premier plan, en relief ou en découpures, comme dans les décors de théâtre, le tout interposé entre le spectateur et la toile du fond; mais cette innovation n'avait été hasardée que timidement et avait été désapprouvée par la critique et le public; probablement, si les parties en relief avaient formé un système prédominant dans le spectacle, au lieu d'y être une exception, l'artiste eût été approuvé.

Déjà en 1822, à Londres, des entrepreneurs avaient fait exécuter, par le peintre Bullock, une *Vue du cap Nord*, sur une grande toile cintrée. Ils s'en servaient comme d'un décor et montraient, au premier plan, des Lapons campés sous la tente et faisant paître des rennes, comme on le fait de nos jours au Jardin d'acclimatation. A côté des tentes se trouvaient tous les instruments ordinaires de la vie de ces habitants du Nord : des traîneaux, des patins, des armes, des objets usuels, des vêtements, etc.[1]. Ce n'était guère, on le voit, que des essais de peu d'importance : il était réservé au colonel Langlois de résoudre le problème des premiers plans en objets naturels et des raccords avec la peinture.

Jean-Charles Langlois, né le 22 juillet 1789, entra à l'École polytechnique le 14 septembre 1806 et en sortit le 9 mai 1807, avec un brevet de sous-lieutenant au 5e régiment de ligne; il rejoignit le corps de Marmont, alors en Illyrie, où il fut chargé des travaux de topographie et de plusieurs constructions. Nommé lieutenant au même régiment en 1809, il fit la campagne de Wagram et passa ensuite, de 1810 jusqu'en 1813, en Catalogne. Capitaine au 67e de ligne en 1812, il commanda successivement une compagnie de voltigeurs et une de grenadiers. Il se distingua au siège de Figuières et fut chargé en 1812, à la tête de deux cent cinquante hommes, de purger les montagnes de la Catalogne des bandes de miquelets qui les infestaient. Rentré en France en 1814, il assista à plusieurs combats de la campagne de France; il suivit le général Petit comme aide de camp, à Waterloo, où il fut blessé et eut deux chevaux tués sous lui; resté à son rang malgré sa blessure, il commanda une des faces de l'un des fameux carrés des grenadiers de la garde, qui, luttant jusqu'à la nuit, protégèrent la

---

[1] *Archives des découvertes et inventions nouvelles pendant l'année 1822*, 15e volume, p. 271. — Voir aussi la *Revue encyclopédique*, mars 1822.

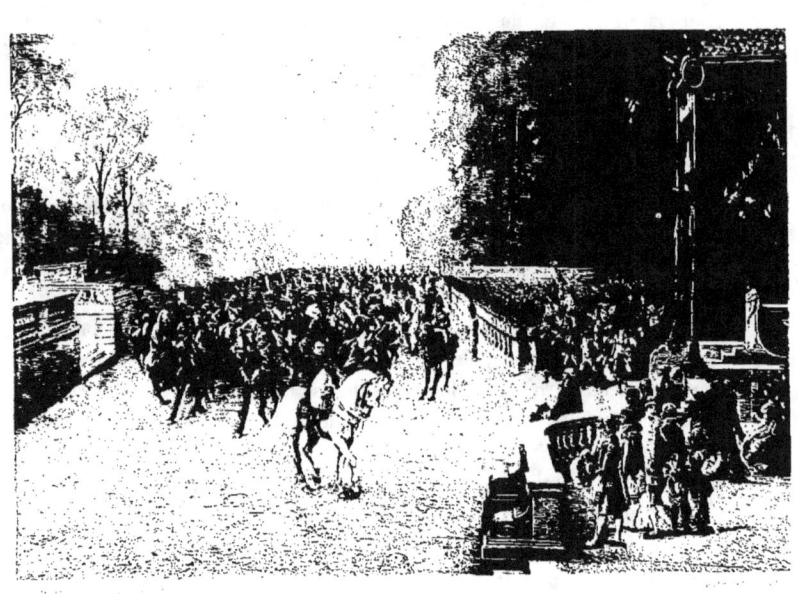

retraite de l'Empereur et de l'armée. Mis en demi-solde à la fin de 1815 [1], il fixa sa résidence à Bourges, où il étudia la peinture sous la direction d'un peintre de cette ville, du nom de Boichard [2]. Peu de temps après, en 1817, il adressait une demande au Ministère de la guerre, pour être appelé à Paris, afin de pouvoir continuer ses études de peinture, «dans lesquelles», disait-il, «on ne pouvait se perfectionner qu'auprès des grands maîtres de l'art». Sa demande acceptée, Langlois devient élève de Girodet «et de son jeune et estimable ami» Horace Vernet [3] (comme il l'appelle dans ses lettres), et il se consacre uniquement à la peinture militaire. C'est le moment le plus dur de son existence; il n'a pour revenu que 900 francs de demi-solde, et pendant trois ans il habite dans un grenier, ne mangeant que du pain et ne buvant que de l'eau [4]. Il envoie pour la première fois au salon de 1822 un tableau représentant la *Bataille de Sediman*, qui lui vaut une médaille, et à partir de 1824 il expose tous les ans.

Ayant été, vers cette époque, visiter l'un des panoramas de Pierre Prévost, il fut frappé de l'espace sur lequel les scènes de l'histoire pouvaient être reproduites : il songea à appliquer les panoramas à la représentation des batailles de la République et de l'Empire. Vers 1829, étant nommé chef d'escadron, il commença, rue du Marais-du-Temple, la construction du panorama le plus grand qu'on eût encore vu : 35 mètres de diamètre sur 12 mètres de hauteur. Le colonel Langlois remplaça les vitrages simples de la zone lumineuse par des verres dépolis; il supprimait ainsi les effets d'ombre sur la toile. Puis il transporta le spectateur au centre de l'action, tandis que ses prédécesseurs l'avaient laissé isolé et éloigné du spectacle qui était représenté à vol d'oiseau.

Pour que le spectateur pût être partie dans la représentation du panorama, il supprima la toile qui s'étendait à ses pieds, depuis la plate-forme jusqu'à la peinture, et la remplaça par un simulacre naturel, tel qu'un navire, un monticule ou un palais, avec des raccords et des objets matériels interposés jusqu'à la toile du panorama. *La bataille de Navarin*, qu'il fit paraître en 1830, réalisa ses projets avec le plus grand succès. Sachant que l'un des navires, le *Scipion*, de soixante-quatorze canons, qui avait particulièrement brillé dans la bataille, venait d'être mis en vente par les Domaines, il se rendit acquéreur de la dunette de ce vaisseau et en fit la plate-forme pour les spectateurs. Son panorama était ainsi disposé, qu'un conduit sombre permettait aux spectateurs de pénétrer par les corridors intérieurs de la plate-forme, transformés en intérieur de navire.

---

[1] Extrait des états de service du colonel Langlois (Archives administratives du Ministère de la guerre).

[2] Lettre du colonel Langlois en date du 1er mars 1816. (*Ibid.*). Henri Boichard, né à Versailles d'une famille d'artistes, fut professeur de dessin pendant quarante ans au collège de Bourges. Il avait monté en outre dans cette ville un atelier où il enseignait à des jeunes gens et à des jeunes filles. C'est là qu'il eut comme élève le colonel Langlois. Boichard exposa longtemps au salon des peintures religieuses et mourut à l'âge de 91 ans en septembre 1870.

[3] Lettre du colonel Langlois en date du 26 avril 1818. — Certificat de Girodet du 15 août 1818. — Certificat d'Horace Vernet du 22 août 1818. (Archives administratives du Ministère de la guerre.)

[4] Notes et correspondance du colonel Langlois, communiquées par M. le baron Larrey, de l'Institut.

En entrant d'abord dans la batterie de 18, le spectateur était censé être dans la chambre des officiers; le branle-bas de combat étant fait, on apercevait au moyen d'un diorama la batterie dans toute sa longueur, les pièces de l'avant en exercice. En montant un petit escalier, on arrivait dans la salle à manger du commandant, où l'on trouvait l'aménagement complet, chaises, commode, longue-vue, compas, instruments divers, tables à roulis. On montait au deuxième étage, et du logement du commandant on passait sur la dunette; de là, on voyait le combat autour de soi. Un brûlot turc aborde le *Scipion* sur son avant et lui communique l'incendie; les matelots travaillent à dégager le vaisseau; les embarcations ont amarré le brûlot et cherchent à l'éloigner; un bâtiment turc saute en l'air à peu de distance; plus loin, l'*Armide*, frégate française, remorque une corvette anglaise dont elle prend la place pour écraser une frégate turque appelée *la Belle Sultane*. Les marins anglais, huchés sur les hauteurs de la corvette, acclament l'équipage de l'*Armide*. Sur le premier plan à droite du *Scipion*, une goélette turque fait eau et est prête à couler : partout des débris de mâture et de bâtiment et des hommes à la nage.

D'après les critiques les plus autorisés, on ne distinguait pas l'endroit où la partie réelle du navire était raccordée avec la partie exécutée en peinture. Ce panorama fut un des plus grands succès de l'époque du Gouvernement de Juillet, et produisit une émotion sur tous ses visiteurs, de quelque classe de la société qu'ils fussent. L'amiral Cloué, depuis ministre de la marine, nous a raconté qu'il vint visiter ce panorama en 1831, au moment où, reçu, après examen, au *Borda*, il n'avait pas encore vu la mer. L'impression qu'il ressentit à la vue du *Scipion* à la bataille de Navarin fut telle que, lorsqu'il arriva à Brest pour entrer à l'École maritime, il savait déjà ce qu'était un vaisseau et un combat naval.

En 1830, le colonel Langlois était parti comme volontaire pour l'expédition d'Alger et avait assisté, à la tête d'un détachement, à la bataille de Staouéli. Dans cette expédition, il leva les croquis nécessaires à la confection de son second panorama, représentant *La prise d'Alger*, qui parut en 1833. A la fin de cette année, il fut nommé attaché militaire à l'ambassade de France en Russie, et reçut de l'empereur Nicolas l'accueil le plus favorable, grâce auquel il put dessiner le plan du champ de bataille de la Moskowa et celui de la ville de Moscou. Aussi, en 1835, fit-il succéder le panorama de *La bataille de la Moskowa* à celui de *La prise d'Alger* : ce fut le dernier qu'on exposa au Marais.

L'architecte Hittorff avait déjà commencé, au carré Marigny, dans les Champs-Élysées, une rotonde qui fut inaugurée par *L'incendie de Moscou*, dont tous les journaux de l'époque parlèrent avec enthousiasme. Le spectateur, placé sur une des tours du Kremlin, voyait le feu l'environner de toutes parts, et, à travers une des ruelles débouchant du palais, il apercevait l'empereur, son état-major et la garde fuyant l'incendie. *La bataille d'Eylau*, en 1843, et *La bataille des Pyramides*, en 1849, parurent successivement au carré Marigny.

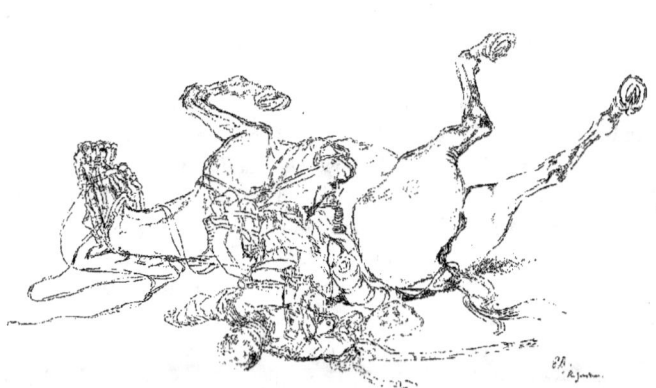

TROMPETTE D'ARTILLERIE DE LA GARDE
Esquisse inédite de M. Édouard DETAILLE
pour le panorama de la bataille de Rezonville

En 1855 eut lieu la première Exposition universelle à Paris. On construisit pour l'abriter le Palais de l'Industrie, et le panorama devint une annexe de l'Exposition où furent montrés les produits des manufactures nationales et les diamants de la couronne.

Pour remplacer la rotonde du carré Marigny, on éleva celle qui existe actuellement à l'angle de l'avenue des Champs-Élysées et de l'avenue d'Antin. A la fin de l'année 1855, durant les travaux de construction, le colonel Langlois partit en Crimée; il y séjourna quatre mois, visita avec le général Niel tous les travaux du siège, leva du haut de la tour Malakoff, au moyen d'appareils photographiques, les plans des positions occupées par les armées et appliqua ainsi pour la première fois, comme nous l'avons déjà vu, la photographie à la levée des plans panoramiques [1].

De retour à Paris, il inaugura en 1860 le panorama de *La prise de Sébastopol*, qui fut remplacé par *La bataille de Solférino* en 1865.

Le colonel Langlois mourut en 1870 [2] avant nos désastres, et en 1873 son panorama de *Solférino* fut remplacé par *Le bombardement du fort d'Issy*, de Philippoteaux, que l'on peut voir encore.

Les panoramas du colonel Langlois n'avaient pas seulement intéressé le public; la science les avait étudiés au point de vue de l'optique et, aux séances des 28 mars et 4 avril 1859 de l'Académie des sciences, M. Chevreul leur consacra une partie de son mémoire sur la vision [3]. Dans ce mémoire, M. Chevreul, tout en reconnaissant les perfectionnements apportés par le colonel Langlois dans l'exécution des panoramas, disait que l'illusion n'existait pas pour deux raisons différentes : la première était produite par l'effet des trois courbes circulaires de l'appui-main de la plate-forme, du plan annulaire du parquet de la plate-forme et d'un second plan annulaire incliné placé devant le cercle formé par la peinture; la deuxième raison était la forme circulaire du parajour.

Frappé par les observations de M. Chevreul, le colonel Langlois se résolut à faire disparaître la dernière courbe annulaire placée au bas de la toile, et, dans le panorama de *Solférino*, il rompit la rectitude de cette ligne courbe par des mouvements de terrain et de raccords, faits à différentes hauteurs, empêchant ainsi cette *courbe circulaire limite* d'être visible. M. Chevreul, dans un second mémoire, lu à la séance du lundi 23 octobre 1865 [4], déclara qu'un *grand progrès* était obtenu; que le second espace annulaire, composé d'images en relief, en se liant heureusement avec celles exécutées par la peinture, détruisait la monotonie si choquante des panoramas antérieurs. Il citait, à l'appui de ce perfectionnement, une batterie d'artillerie peinte, dont un canon était en nature, raccordé à la peinture sur laquelle était l'avant-train

---

[1] Notes et correspondance du colonel Langlois, communiquées par M. le baron Larrey, de l'Institut.

[2] Le colonel Langlois a publié un certain nombre de travaux en dehors des notices sur ses panoramas, entre autres *Le voyage pittoresque et militaire en Espagne*, avec des notes explicatives sur les batailles, communiquées par M. le maréchal Gouvion Saint-Cyr, les généraux Decaen, Lamarque, Souham, Petit, etc. Paris, Engelmann, 1826-1830, in-fol. de 40 planches.

[3] Voir le XXX° volume des *Mémoires de l'Académie des sciences*, séance du 4 avril 1859.

[4] *Comptes rendus hebdomadaires des séances de l'Académie des sciences*, vol. LXI, p. 670.

et l'attelage de la pièce; il signalait encore une vallée qui, commencée à la place occupée par le spectateur par un endroit de la plate-forme, se prolongeait indéfiniment dans la peinture. M. Chevreul reconnaissait encore que, le parajour ayant été surélevé, la vue de la voûte céleste paraissait par ce fait plus étendue, l'illusion en était accrue pour le spectateur. Depuis, tous les peintres de panoramas, à l'exemple du colonel Langlois, mirent en pratique les avis de M. Chevreul.

Presque en même temps que le colonel Langlois inaugurait *La bataille de Navarin*, un Anglais, du nom de Horner, faisait construire dans *Regents-Park*, à Londres, une rotonde qui prit le nom de *Colosseum*. La construction en fut confiée à l'architecte Decimus Burton, qui commença les travaux en 1824 et les termina en 1829. On y représenta d'abord *Une vue de Londres* d'après les croquis de M. Horner. Vers 1822, la boule et la croix qui surmontaient la coupole de l'église Saint-Paul étaient détériorées, on dut les remplacer. De 1822 à 1824, des échafaudages furent établis à cet effet sur le sommet du monument, et pendant les étés, M. Horner profita de ces échafaudages pour y dresser un croquis général de la vue que l'on découvrait sur la ville et les environs. Ces croquis furent ensuite grossis et reportés sur la toile. La rotonde du *Colosseum* était surmontée d'une coupole à plein cintre, recouverte de cuivre, du système de Philibert Delorme. Au centre se trouvait un ascenseur mû par la vapeur, et au lieu d'une seule plate-forme, il y en avait trois superposées, de la forme et de la dimension des corridors et balcons de l'église Saint-Paul. Tout en haut, sur le sommet de la rotonde, était une lanterne dans laquelle pouvaient pénétrer les visiteurs et d'où ils jouissaient d'une vue sur les parties de Londres avoisinant le *Colosseum*.

Cet édifice, qui avait coûté 750,000 francs, avait la prétention d'offrir, à l'entrée d'un des plus beaux quartiers de Londres, un aspect architectural par sa ressemblance quelque peu approchante avec le Panthéon d'Agrippa à Rome.

La critique de cette construction est facile à faire; les corridors remplaçant la plate-forme d'où l'on voyait le panorama ne permettaient pas d'étendre la vue ni à droite, ni à gauche, ni derrière, sans déplacement; l'idée de faire monter le spectateur à trois hauteurs différentes pour voir une perspective qui, à l'exception du niveau où elle a été prise, ne peut être bonne, était un non-sens; enfin le vitrage de la zone par où pénétrait le jour était fait en verres non dépolis et laissait l'ombre du châssis se dessiner sur le tableau, lorsque apparaissait le soleil.

Mais, à cette époque, la masse du public, à Londres, était encore étrangère au sentiment artistique. L'architecte Hittorff, qui dessina la place de la Concorde telle qu'elle est encore aujourd'hui, alla à Londres pour étudier le *Colosseum*. A la suite de son voyage, il publia un compte rendu de sa visite, dans lequel il concluait que le panorama du *Colosseum* ne pouvait en rien être comparé aux œuvres de Prévost et surtout à celles du colonel Langlois [1].

[1] *Revue générale d'architecture*, année 1841.

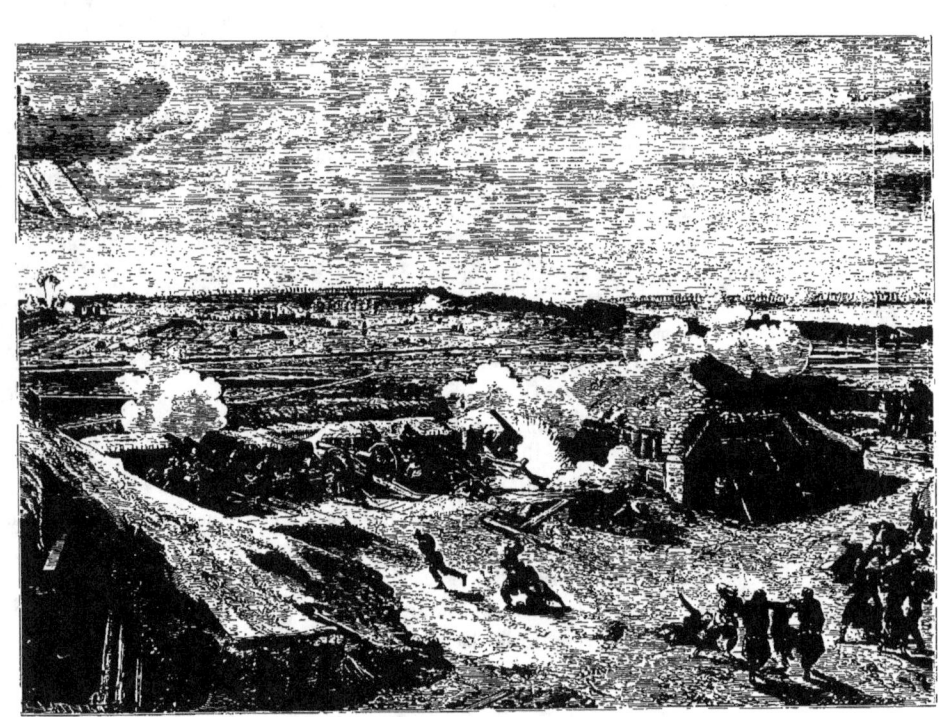

LE PANORAMA DU SIÈGE DE PARIS AUX CHAMPS-ÉLYSÉES
Extrait du *Journal de la jeunesse* (Maison Hachette)

Après la *Vue de Londres*, le *Colosseum* posséda la *Vue de Rome*, puis celle de *Paris* et une suite de dioramas. Il fut détruit en 1875.

De nos jours les panoramas se sont multipliés; les grandes villes d'Europe et d'Amérique en possèdent, souvent même plusieurs. A Paris, on en voit actuellement un grand nombre, principalement celui de MM. Mérelle et Langerock, représentant la *Vue de Rio-Janeiro*, par un coucher de soleil; celui de la *Compagnie des Transatlantiques*, à l'Exposition, où le spectateur, sur un des navires de la compagnie entrant dans le port du Havre, découvre la *Baie de la Seine*; celui de l'*Histoire du siècle*, par MM. Stevens et Gervex, représentant, comme dans une lanterne magique, les personnages célèbres de 1789 jusqu'à nos jours; enfin le panorama de la *Bataille de Rézonville*, par de Neuville et Detaille.

Les dioramas ont perdu de leur vogue; l'Exposition de 1889 cependant possédait les peintures de M. Gabin exposées dans le pavillon des Forêts.

Le panorama de *Rio-Janeiro*, comme nous l'avons déjà dit, est plein de charme le soir. Le spectateur se trouve sur une colline, entre la ville et les montagnes qui forment amphithéâtre autour d'elle; devant la ville, il y a la rade. Les fonds sont bien rendus et les montagnes verdoyantes forment contraste avec les eaux bleues de la mer. La ville, ses constructions, ses rues, ses monuments, se présentent bien à la vue du spectateur. Ce panorama est traité avec les procédés de décoration de Ciceri; certains effets sont rendus par des épaisseurs de peinture qui forment en quelque sorte bas-relief; mais l'ensemble, répétons-le, est agréable.

M. Poilpot a déjà fait plus de douze panoramas, pour l'Angleterre, l'Amérique et la France, où ils ont été exposés dans différentes villes. Ses œuvres se répètent et le public leur fait fête, car son panorama des Transatlantiques, sur le bord de la Seine au Champ de Mars, ne désemplit pas un seul instant de la journée. On pourrait cependant lui adresser quelques critiques : le spectateur est sur la passerelle du pont du navire, mais il n'est pas placé où il devrait être; il se trouve désorienté et ne saisit pas où il est; en un mot, les premiers plans du panorama ne sont pas disposés pour être vus de cet endroit; aussi la perspective de l'avant et de l'arrière du bâtiment ne paraît-elle pas exacte. Peut-être M. Poilpot a-t-il confié la mise en scène à des perspecteurs; s'il s'en fût rapporté à son œil, il eût bien vite corrigé ce défaut. La peinture n'est pas assez ferme, mais la faute en est due à la rapidité avec laquelle l'artiste a été obligé de peindre. Le fond du tableau est d'une exactitude merveilleuse et agréablement peint. Les membres du Bureau des longitudes, qui fréquentent la baie de la Seine pour y faire leurs relevés, et qui, par conséquent, la connaissent dans ses moindres détails, ont fait ce bel éloge à M. Poilpot de déclarer, quand ils visitèrent son panorama, qu'en voyant les côtes du Calvados et de la Seine-Inférieure peintes sur la toile, on se croyait encore être réellement devant le Havre.

Le *Panorama du siècle* est intéressant; il a même une disposition architecturale qui ne peut être que l'œuvre d'un homme de talent. Les auteurs de ce panorama ont placé les visiteurs sur une élévation qui serait située à la place du grand bassin du jardin des Tuileries : en regardant devant soi, on a alors les deux terrasses qui bordent l'ancien pont tournant, la place de la Concorde et l'enfilade des Champs-Élysées, c'est-à-dire la plus belle ordonnance d'édifices et de jardins qui existe. Cet ensemble monumental ne décorait que la moitié de la toile; il fallait la compléter. Le problème a été résolu par la construction d'une rotonde à portiques copiée d'après l'un des palais de Gênes. Cette rotonde en demi-cercle touche d'un côté à la terrasse du bord de l'eau, et de l'autre à celle de la rue de Rivoli; elle complète ainsi la décoration du panorama. Le centre de cette rotonde est coupé par un monument que l'on suppose considérable parce qu'on n'en aperçoit pas le faite, qui se dissimule derrière le parajour. D'un côté de ce monument, qui est décoré sur sa face par le *Génie de la France*, est le point de départ du panorama, et de l'autre côté sa fin.

Suivons les tableaux disséminés sur la toile : on voit d'abord *les États généraux*, puis, dans chaque portique, les scènes ou les personnages de la Révolution : dans le premier, *La Famille royale sur la terrasse du château de Versailles;* dans les suivants, *Camille Desmoulins au Palais-Royal*, etc. Au premier plan devant la rotonde, des groupes de *Conventionnels* ou de *Terroristes;* en face d'eux, les *Généraux de la République;* ici la rotonde finit, une grande avenue la sépare de la place de la Concorde; par cette avenue débouche *Napoléon en 1804 à la tête de son état-major;* c'est le morceau capital du panorama.

Sur la terrasse des Tuileries, *Louis XVIII et les personnages de la Restauration*, avec le *Garde-Meuble*, chef-d'œuvre de Gabriel, comme fond; les *Scènes de la révolution de juillet* se voient ensuite sur l'avenue des Champs-Élysées; de l'autre côté, au pied de la terrasse du bord de l'eau, les *Personnages qui ont illustré l'époque de Louis-Philippe*, et les *Généraux d'Afrique*, à leur suite; au bout de la terrasse, du côté des Tuileries, les *Personnages du second Empire*. Alors, comme par une échappée, apparaît la Seine avec ses ponts et les monuments qui la bordent; *l'Institut, Notre-Dame, Saint-Gervais, l'Hôtel-de-Ville*, etc. Sur le bord de la Seine, *Louise Michel* représente *la Commune*, et pour fermer le cercle, les personnages les plus marquants de notre époque : *Thiers, le Maréchal de Mac-Mahon*, etc.

Malheureusement, le temps pressait et certaines parties de ce panorama, comme le groupe des généraux d'Afrique, s'en ressentent. Par ses grandes qualités, ce panorama est une œuvre de mérite, pour laquelle il faut féliciter MM. Stevens et Gervex, ainsi que leurs collaborateurs : M. Dupray, le peintre militaire, qui a fait les croquis des personnages de la République et de l'arrivée de Napoléon; enfin, MM. Gilbert, Picard, Mathey, qui ont exécuté des figures sur la toile; M. Jonas, qui a peint les parties en paysage, et MM. Cugnet, Krasno, Bailly, Guigney et Chamouillet, perspecteurs.

Nous arrivons à l'œuvre de MM. de Neuville et Detaille : le panorama de *Rézonville*. La bataille est représentée vers 3 heures de l'après-midi : devant le spectateur est «la ligne des tirailleurs de la garde impériale»; en arrière à droite, «des masses de

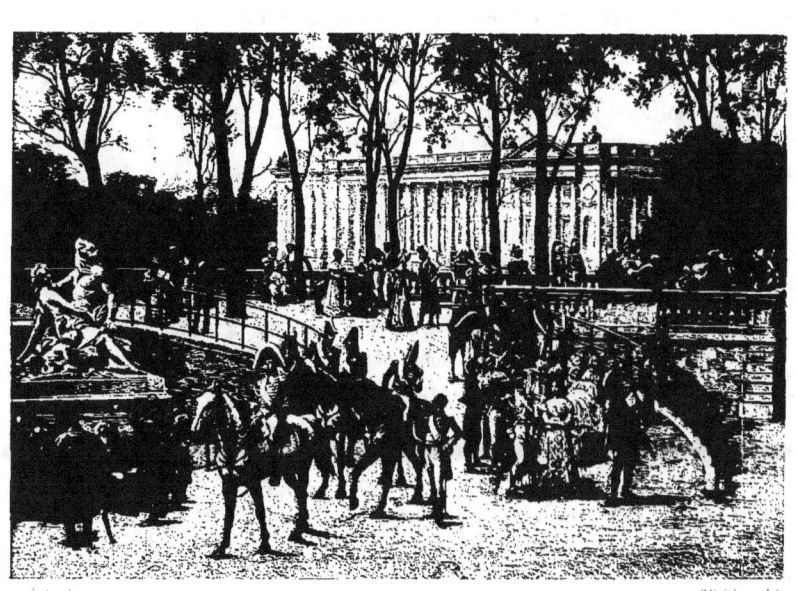

cavalerie »; à gauche, « les grenadiers de la garde », formés en masses, au centre d'un village; un peu en arrière de ce point, « le général Bourbaki, suivi de son état-major, rencontre le maréchal Canrobert et le salue ». La position de l'armée se voit du premier coup; tout est animé; chaque groupe, comme chaque masse de troupes, se détache bien en place : le tout est peint avec simplicité, sans effets brutaux, tels que reliefs, mais avec le soin et la précision que ces deux artistes apportent dans leurs œuvres.

Il est inutile d'insister sur la valeur de cette peinture; MM. de Neuville et Detaille ont obtenu, pour la *Bataille de Rézonville*, le grand prix d'honneur à l'Exposition universelle : c'est la première fois qu'un panorama reçoit cette haute distinction, depuis un siècle qu'ils sont inventés, et l'on peut dire que c'est avec justice que cette récompense est venue fêter le centenaire de leur découverte.

Ces artistes ont été, croyons-nous, les premiers à appliquer dans le mécanisme des panoramas une invention déjà connue en Allemagne depuis une quinzaine d'années : au lieu de diriger la lumière par la zone vitrée, sur la toile, on l'envoie indirectement au moyen d'un réflecteur de toile blanche. Ce réflecteur, qui a la forme d'un cylindre, est placé au-dessus du parajour; la zone vitrée est disposée pour que la lumière, venant frapper sur ce cylindre, retombe de là sur la peinture. Ce procédé donne une égalité de tons qui est préférable au jour tombant directement.

Les dioramas de M. Gabin sont placés dans le pavillon des Forêts; ils représentent des « paysages des Alpes », où ont été exécutés, par l'administration des eaux et forêts, des travaux d'art, tels que terrassements, reboisements, drainages ou soutènements de terrains. Les tons y sont parfaitement rendus; la peinture en est simple, sans empâtement et largement faite. On y voit un certain nombre de figures « de travailleurs ». Les parois qui encadrent les peintures et maintiennent les regards des spectateurs représentent « des cabanes de bûcherons » et sont disposées avec goût : elles laissent croire que l'on aperçoit réellement par la porte ou la croisée ouverte les échappées de quelques vallées des Alpes, avec des profondeurs bleuâtres et leurs effets de soleil sur les montagnes neigeuses.

Avec les dioramas de M. Gabin finissent les œuvres panoramiques de l'Exposition. Nous avons raconté la découverte des panoramas et suivi les perfectionnements dont ils ont été successivement l'objet; nous avons pu constater que ces perfectionnements ont consisté dans la simplification des procédés mécaniques, qui se réduisent aujourd'hui à un éclairage favorable. De nos jours, les panoramas se peignent comme les tableaux d'histoire; les effets s'y rendent par la simplicité et la sobriété de la peinture sans empâtement. Le talent du peintre est la seule mise en valeur de son œuvre; à peine, comme nous l'avons vu, existe-t-il quelques tricheries pour les effets de perspective, dans les figures peintes au bas de la toile.

Si certains esprits médiocres ont maintenu que les peintres de panoramas, comme les décorateurs de théâtres, étaient plutôt des industriels que des artistes, il n'y a pas lieu de répondre à cette objection. Les hautes personnalités de l'art qui se sont consacrées à ce genre, comme les chefs-d'œuvre qu'elles ont enfantés, montrent mieux que les paroles que les décorations de théâtres et les panoramas exigent, pour être bien faits, autant de talent et de science que la grande peinture, et à coup sûr beaucoup plus que la peinture de genre. Il ne viendra à l'idée de personne que MM. de Neuville et Detaille se soient abaissés en peignant ces deux chefs-d'œuvre que l'on appelle les panoramas de *Rézonville* et de *Champigny*; mais tous les artistes de valeur répètent, au contraire, que les décorateurs comme MM. Galland, Lavastre, Carpezat, Rubé et Chaperon sont la gloire de l'art français. Terminons; notre dernière réflexion coupera court à toute discussion.

La peinture d'histoire est une des plus difficiles, elle exige plus de talent et de savoir qu'aucune autre; il y a plus de mérite à grouper des milliers de figures qu'à en peindre une ou deux; il faut plus de talent, plus de souffle, plus d'inspiration et de science pour représenter un fait célèbre que pour reproduire une scène ordinaire de la vie. On peut juger alors de ce qu'il faut de mérite pour représenter une bataille sur la toile des panoramas, dont la superficie égale celle d'une maison à cinq étages, de 100 mètres de façade.

www.ingramcontent.com/pod-product-compliance
Lightning Source LLC
Chambersburg PA
CBHW050031230526
45470CB00003B/1219